**Modvareil et Florent Lucéa**

# D'AUSSI LOIN QUE JE ME SOUVIENNE...

Illustration : Florent Lucéa

Du même auteur

*Poésie Chienne de Vie*, EDILIVRE, Août 2015
*Le Pardon est-il une preuve d'Amour ?,* EDILIVRE, Août 2016
*La manipulatrice,* BOD, Mars 2017
*En vers et contre tout, BOD, Septembre 2017*

# Biographie : Florent Lucéa

## Florent Lucéa

De formation littéraire, ancien Auditeur Libre des Beaux Arts de Bordeaux, Florent Lucéa est un passionné : par son métier d'accompagnant d'élèves en situation de handicap et par l'art et l'écriture. Ses racines martiniquaises nourrissent son travail plastique et ses ouvrages, emprunts d'onirisme et de fantastique.

L'artiste vous invite à voyager vers ses mondes intérieurs.

Il participe à des expositions personnelles régulièrement (chez Origines Tea and Coffee en mai 2016, Le Marché de Lerme du 10 au 22 janvier 2017), à des expos collectives avec l'asso ALBAB des Auditeurs Libres à la Chartreuse de Caudéran (novembre 2015), à des expos avec la photographe Rony Spéranza (Médiathèque du Grand Parc en mars 2016, Citadelle de Blaye en juin 2016), à des salons d'auteurs (Caudéranie 2016, Salon l'Envol 1er avril 2017).

Auteur d'un recueil de poèmes (Poèmes Animalins) chez Publibook, d'un roman fantastique (Univers Futurs) et d'un recueil de nouvelles (Nouvelles Enivrantes de Vanille et Rhum) chez Edilivre, Florent travaille sur des projets variés pour divers publics (enfants, ados, adultes).

Il collabore aussi avec des auteurs pour leurs couvertures (l'auteure Modvareil), des musiciens comme Julien Bischerour ou des artistes d'autres horizons. Des projets plein la tête, Florent aime partager, divertir et donner à réfléchir.

6

# Remerciements

Merci, à vous tous, de m'avoir accompagné toute ma vie, dans les bons et mauvais moments.

Je n'ai pas toujours été à la hauteur de vos attentes, mais je vous assure que je vous ai tous aimé du plus profond de mon être.

Vous êtes tous très importants pour moi, à des degrés différents, mais je n'ai pas su vous dire ce que j'avais au plus profond de mon âme. J'étais trop meurtrie, humiliée de ce que j'avais perdu tout au long de ma vie d'enfant et d'adulte, honteuse de n'avoir pas su vous donner une famille heureuse, peur que vous ne me compreniez pas.

Malgré tout, j'ai compris que personne n'a accepté mes façons de me comporter, mes dires, ma vie en général. De ce fait, je me suis sentie seule, rejetée, abandonnée, mal aimée au milieu de vous, et ma solitude a été mon seul refuge.

Je vous aime.

# Préface

Depuis ma naissance, je me bats, ma vie n'a aucun sens, le monde est incohérent et glisse sous mes pieds.

De ma mémoire, je voudrais estomper le cauchemar de mon passé.

J'ai peur de parler, face aux autres, je me sens toute petite, une moins-que-rien. Pourtant, j'ai un grand besoin de m'exprimer, de m'extérioriser : rien ne sort et je nourris la conviction que chaque mot prononcé va se retourner contre moi.

Ma souffrance dure depuis des années : un vrai fardeau. Personne n'a mesuré l'ampleur de ma détresse et mon désir d'en finir, de mourir.

J'étais écrasée sous le poids de mon existence, de mon désarroi. Personne n'entendait mes cris de douleur, mes appels au secours sortis du plus profond de mon être.

J'ai continué de vivre, persuadée de devoir porter toute ma vie ce fardeau intérieur.

Prisonnière à l'intérieur de moi de mon passé, je n'ai jamais vraiment existé. Incomprise, j'erre chaque jour face à son destin, le passé me ronge à petit feu.

Je vous convie à partager et ressentir dans ces lignes le poids de mon existence. Ma vie n'est rien d'autre que solitude, peur, désarroi, haine, colère au fond de moi. J'ai perdu au fil des années des pans entiers de mon âme mutilée. J'avance à petits pas au milieu d'un brouhaha et j'ai oublié ce qui faisait de moi quelqu'un d'unique.

Tous les appels lancés sont devenus assourdissants dans ma tête.

Personne n'a entendu, personne n'est venu.

Je me suis enfoncée de plus en plus profondément dans une solitude qui a pris possession de tout mon être et de mon existence.

Mon sourire cachait ma douleur, une douleur qui s'est incrustée au fil du temps sur mon visage.

J'ai tenté de m'enfermer dans une forteresse de silence, de cesser de respirer pour arrêter de fuir ma vie.

Tous les jours, j'interprétais un rôle différent pour chaque personne espérant ne pas afficher mes douleurs intérieures. Je me cache car j'ai honte. Pourtant, je ne suis qu'un grain de sable sur cette terre, un infime morceau d'existence dans ce monde.

Une question me hante :

*"Que fais-je sur cette terre ?"*.

Je vis un enfer. Parfois, un petit coin de soleil apparaît, très rare. Ce court moment de paradis, de repos, soulage ma souffrance.

Je n'existe pas aux yeux des autres, ma survie dépend de ma propre décision. Cependant, un besoin important, une force en moi de vouloir rebondir, de redevenir celle que j'ai été et que j'ai perdue depuis des années me sauve d'un désastre certain.

Aujourd'hui, j'ai l'impression de m'être noyée dans ma bonté, ma générosité, ma tolérance et d'avoir été manipulée, utilisée. Ce sentiment est très désagréable, cependant, je n'en veux qu'à moi-même.

Des éclairs de lucidité me foudroyaient de temps à autre et je n'en tenais jamais compte. Je doutais de mes pensées, pourtant, elles étaient justes. Je m'obligeais à être bien sous tous les rapports : gentille, compréhensive, alors que finalement, j'ai été mangée par les autres.

Aujourd'hui, tout cela n'a plus d'importance. Actuellement, je commence à me retrouver, à m'apprécier, à reprendre goût à la vie, à peindre, à dessiner, à écrire, à sortir, à rencontrer, à me rapprocher et à échanger dans la vie quotidienne et sur des forums avec les autres.

Si j'ai vécu ainsi, je ne m'en prends qu'à moi-même. Certaines personnes me disaient souvent :

"Tu es responsable de tes actes",

"Tu ne récoltes que ce que tu as semé".

Toutefois, je reste la seule à savoir ce qui me fait du bien, ce qui me rend heureuse. Si dans un proche avenir, je rencontre, ou si à ce jour, je pense avoir trouvé la personne pour partager le reste de mon voyage et m'aider à être paisible, j'en serais comblée.

Grâce à mes livres, mes écrits, mes témoignages, j'ai pu retisser des liens d'amour avec ma famille et d'amitié avec mes lecteurs et mes amis et aider certains d'entre vous.

Je suis reconnaissante à mes parents de l'éducation que j'ai reçue et qui m'a permis de rester une personne droite, juste, généreuse, aimante et travailleuse.

Cette sensibilité m'a souvent joué des tours, je ne le regrette pas. Sans celle-ci, il ne peut y avoir d'empathie, de compassion et de relations vraies.

## « ENTENDS-TU… »

Entends-tu…
Mes cris de douleur s'élever au loin à l'horizon,
Entends-tu…
Mon cœur battre à chamade, comme un tambour,
Entends-tu…
Ma souffrance au fond de mon âme me détruire,
Entends-tu…
Mon désarroi face à ce passé qui m'inonde,
Entends-tu…
Ma colère face à mon miroir que je hais,
Entends-tu…
Ma détresse, les yeux levés vers le ciel,
Entends-tu…
Mes angoisses, qui me rongent chaque jour,
Entends-tu…
Mon appel au secours au milieu de mes cauchemars,
Entends-tu…
Mon amour que j'ai tant à donner,
Entends-tu…
Mes regrets d'enfant que mes yeux cherchent,
Entends-tu…
Mon désarroi au milieu de ce flot de peur,
Entends-tu…
Mon corps se tordre de douleur face aux années,
Entends-tu…
Mon visage crispé par les rides au fil des ans,
Entends-tu…
Mes mots qui ne veulent pas sortir de ma bouche,
Entends-tu…
Mon chagrin qui me ronge depuis des années,

Entends-tu…
Mes supplications demandant que tout s'arrête,
Entends-tu…
Mes désirs d'être heureuse, de vivre,
Entends-tu…
Mes rêves enfouis au plus profond de moi,
Entends-tu…
Mes cauchemars qui sans cesse surgissent de mon passé,
Entends-tu…
Mes pieds glissés sur cette terre froide,
Entends-tu…
Ma vie qui s'écoule dans mes veines,
Entends-tu…
Mon âme désabusée qui cherche le bonheur,
Entends-tu…
Mon être trahi par la vie tout au long de mon chemin pierreux,
Entends-tu…
Mes paroles hurlées ma tristesse,
Entends-tu…
Mon courage de vouloir survivre, de sortir la tête de l'eau,
Entends-tu…
Mon moi que je cherche, ma voie de l'avenir,
Entends-tu…
Mes soupirs de tristesse le long de ce chemin tortueux,
Entends-tu…
Mon mur de silence autour de moi que je me suis construit,
Entends-tu…
Mes dérobades face à la réalité du présent et du passé,
Entends-tu…
Ma plume sur ce morceau de papier faisant couler l'encre,
Entends-tu…
Tout simplement, MOI

Avec mes peurs,
Mes cauchemars,
Mes angoisses,
Mes regrets,
Mes désespoirs,
Mes colères,
Mes détresses,
Mes abîmes,
Mon amour,
Ma tendresse,
Entends-tu…
Tout simplement, MOI.

« Le temps est loin, très loin... »

Le temps est loin
De mon enfance,
De ces rires, sourires et balbuties,
Le temps est loin,
De mes chansons, carillons et murmures,
Le temps est loin de mes amours,
Le temps est loin, très loin.

Le temps est loin,
De cette petite fille,
Le temps est loin,
De ces champs, vignes et forêts,
Le temps est loin,
De ces rivières, fleuves et océans,
Le temps est loin, très loin.

Le temps est loin,
De ces regards aimants,
Le temps est loin,
De ces caresses,
Le temps est loin,
De ces mots doux,
Le temps est loin, très loin.

Le temps est loin,
De cette harmonie,
Le temps est loin,
De cette nature rayonnante,
Le temps est loin,

Des animaux murmurant à l'oreille,
Le temps est loin, très loin.

Le temps est loin,
De cette limpidité, ce calme,
Le temps est loin,
Du ciel, du soleil, de la lune éclairant mon visage,
Le temps est loin,
Du vent balayant mes cheveux,
Le temps est loin, très loin.
Le temps est loin de mon enfance.

## « Où es-tu le temps ? ... »

Le temps s'envole,
Les années s'écoulent.
Je reste là, sans comprendre.
Ma jeunesse loin derrière moi.
Que reste-t-il ?
Rien ou si peu.
Des années de galère,
Des années perdues à jamais.

Le temps ne pardonne pas.
Que de tristesse,
Que de malheur.
Une vie vide d'amour, de tendresse.
Des souvenirs d'angoisse, de peur se balancent devant mes yeux.
Où est ce bonheur tant cherché.

Le temps passe si vite.
Une vie de gâchis, sans amour, ni joie,
Aucune épaule pour poser ma tête,
Se sentir en sécurité, une fois.
Où sont passées mes années ?
Loin, très loin.

Le temps s'éloigne devant moi.
Sans pouvoir éclairer mon visage torturé par la souffrance,
Des yeux hagards, pleins de larmes, coulant à l'infini,
Un sourire effacé depuis longtemps,
Un regard lointain, cherchant toujours un petit signe,
Un cœur à jamais brisé, qui crie au plus profond de mon être.

Où es-tu le temps de ma jeunesse ?
Où es-tu le temps des rires, des joies ?
Où es-tu le temps de mes amours ?
Je te cherche toujours et toujours,
Vais-je enfin te trouver le temps… ?

# Introduction

La solitude peut toucher à tout instant et de manière différente chaque être, et peut nous atteindre n'importe quand, à n'importe quel âge. Elle devient notre compagne, tout au long de notre chemin.

Cette solitude est marquée par des blessures émotionnelles comme l'abandon, la trahison, l'humiliation, le rejet, l'injustice à des degrés différents selon chaque être.

L'abandon est un ennemi, surtout si cet abandon remonte à l'enfance. Il nous poursuit toute notre vie de peur de le subir à nouveau.

La trahison ou la crainte de faire confiance apparaît dès qu'une promesse n'est pas tenue. Elle se transforme en méfiance, en sentiments négatifs jusqu'à se sentir soi-même indigne.

L'humiliation est une blessure que nous pensons venir des autres lorsqu'ils nous désapprouvent et nous critiquent. Notre estime de nous est ainsi détruite.

Le rejet est aussi une profonde blessure. Il implique l'abandon de notre être intérieur et génère des pensées et des sentiments de frustration, une dévalorisation destructrice de soi-même. De ce fait, nous nous sentons indignes de l'affection et de la compréhension des autres et nous nous isolons dans notre univers de peur.

L'injustice est un environnement froid et autoritaire. Ses exigences nous sollicitent trop et dépassent nos forces. Elle génère des sentiments d'impuissance et d'inutilité qui nous poursuivent à chaque instant, elle crée un fantasme pour l'ordre, le perfectionnisme et une incapacité de prendre des décisions en toute confiance.

Quelquefois, la solitude offre un accès privilégié à notre richesse intérieure et l'opportunité de nous découvrir. Nous l'acceptons sans la subir.

Cependant, il existe une autre solitude, un autre visage plus sombre que nous ne souhaitons pas. Cette solitude-là est plus obscure, elle nous emprisonne dans une tour invisible des autres.

## « Passé - Avenir »

Dix-sept ans déjà
De tristesse, d'humiliation,
De coups, de mensonges.
Toute une vie anéantie,
À jamais gravée,
Que d'années perdues,
Que de temps passé,
À pleurer sous la torture.
Que de sensations d'anéantissement,
Qui à chaque instant apparaissent,
Sans pouvoir s'effacer.
Seule, sans personne,
Dans le silence de la souffrance,
Le destin s'acharne.
Destin, sans avenir,
Dans un monde d'horreur,
Où tout est laideur,
Où tout est hypocrisie.
Lumière, rayon, au bout du chemin
Peut-être ?
Seul l'avenir peut y répondre.
Pour l'instant,
Revivre un mot qui sonne fort,
Comme un tambour.
Bonheur, vrai ou faux
Que de tumulte dans la vie ?
Jour après jour,
Revivre, Amour, Joie, Bonheur.
Raisonnement,
Pour longtemps… !

La réponse est vague, dans les nuages,
Dans nos cœurs.
Faut-il vivre caché, au grand jour ?
La société est mauvaise.
Doit-on vivre pour soi, pour les autres ?
Que de heurts, encore.
L'âge n'a pas d'Amour,
L'âge n'a pas de raison,
Tourbillonne Amour autour,
Comme un élan de renouveau.
Dresse-toi contre toutes les barrières,
Casse le miroir qui sépare,
Ce bonheur tant attendu.
À jamais ancré dans le cœur,
Les entrailles, le corps de chacun.
Bats-toi à mort !
Gagne ! L'amour est le plus fort,
S'il est limpide, clair, réel,
Sincère comme l'eau de la rivière,
Descendant de la montagne,
Dans un tourbillon glacial et battant,
Prêt à renverser tout sur son passage,
Et revivre calme au fond,
Au fond de ces vallées verdoyantes.

« TOI MA VIE... »

Toi ma vie,
Depuis toujours, je te cherche,
Toi ma vie...


Je ne vois rien,
Que de la noirceur autour de moi,
Que des chemins tortueux,
Que de la méchanceté,
Que de la pourriture,
Ma tête cogne de maux,
Ma bouche ne peut sortir les mots.
Tout autour de moi, le néant.


Toi ma vie,
Depuis toujours, je te cherche,
Toi ma vie...


Amour, bonheur, mensonge, hypocrisie,
Se mélangent à chaque instant,
Sans jamais se détacher l'un de l'autre.
Une vie sans vie,
Qui me ronge à tout moment,
Qui me détruit à petit feu,
Qui me plonge dans le désarroi,
Qui me rejette de ce monde.


Toi ma vie,
Depuis toujours, je te cherche,
Toi ma vie...

J'avais tant à apporter, à donner,
Amour, complicité, affection, tendresse.
Je ne voulais rien d'autre,
Que vivre en paix,
Entourée de ma famille, de mes amis,
Hélas, où sont-ils ?
Je ne les vois pas,
Ils sont si loin, si loin.

Toi ma vie,
Depuis toujours, je te cherche,
Toi ma vie...

Seule face à mon chemin,
Je stoppe, j'avance, je recule,
Sans cesse, je tombe sous ce lourd fardeau.
Je me relève, glisse un peu plus à chaque fois.
Sans jamais pouvoir avancer vers l'avant
Vers une destinée meilleure,
Sans guerre, sans atrocité, sans colère,
Sans mensonge, sans hypocrisie.

Toi ma vie,
Depuis toujours, je te cherche,
Toi ma vie...

Ma vie n'est rien,
Qu'un petit grain de sable,
Peuplé de cauchemars à tout instant,
De peur, de désarroi, de crainte,
D'humiliation, de traîtrise, de mensonge,

Rien n'y fait, ni l'amour, ni l'affection
Ne font changer mon quotidien,
Personne ne voit que je souffre.

Toi ma vie,
Depuis toujours, je te cherche,
Toi ma vie...

Je cherche et ne trouve pas mes pas.
Mon cœur bat comme un tambour,
Mon corps fléchit sous tant de haine,
Mes mains tremblent devant ma feuille blanche,
Les mots arrivent sans réfléchir,
Je laisse mon esprit me guider,
J'essaye encore et encore,
Vers quoi ?

Toi ma vie,
Depuis toujours je te cherche,
Toi ma vie...

Je m'avance, pas à pas,
Vers cette aventure avec espoir,
Mais au bout du chemin, je me vois,
Le reflet de moi-même, une vie sans rien,
Qu'un passage sur cette terre,
Une vérité qui me dépasse,
Où je me sens bien seule, au milieu de tous,
Un trou noir, profond sans pouvoir arrêter ma chute.

Toi ma vie,
Depuis toujours je te cherche,
Toi ma vie...

# Je me sens une victime

Toute ma vie, je me suis sentie une victime :

*"Pourquoi cela n'arrive qu'à moi ?"*,

*"Pourquoi, moi ?"*.

Un sentiment qui développe la solitude, la tristesse, le besoin de toujours faire le premier pas après des disputes pour éviter le rejet et l'abandon. J'ai tendance à tout dramatiser. Je pleure souvent, je crains la solitude, l'angoisse d'être seule, la peur de m'affirmer dans mon couple, dans mon travail et vis-à-vis de ma famille.

Je me suis oubliée tout au long de ma vie. Épuisée, débordée, j'ai souffert pour les autres. J'avais peur, j'ai amassé le refus aux plaisirs, le renoncement à mes besoins, à mes intuitions, à mes goûts. J'ai manqué de respect envers moi.

Isolée et éloignée des autres, la peur de déranger m'a contraint à toujours m'organiser seule. Je me sous-estimais et j'éprouvais de grandes difficultés à parler en public ou même en famille. Je ne m'exprimais pas, je refoulais tout au fond de moi.

Ma solitude se double de la certitude d'être entamée à l'intérieur et j'ai peur. Sans cesse lésée et remise en cause, incomprise, je finis par me sentir victime.

Dans mon coin, je rumine des heures et des heures le pourquoi et cherche à comprendre sans oser poser des questions aux autres. Pourtant, j'avais la conviction de m'être expliquée normalement et comportée correctement, sans faillir à leurs yeux.

Ai-je bien compris et interprété leurs dires, les choses, les mots ? La peur d'autrui m'impose de me retrancher derrière un mutisme, une solitude, et je me renferme dans ma bulle.

Mon existence est un désastre depuis des années : je le sais pertinemment. Je me pose sans cesse la question de savoir ce que les autres pensent de moi. Une allusion, un visage fermé, des rires entre eux, me persuadent d'être le centre de leur malveillance, d'être nulle, d'être rien et en trop.

Tout y passe. Je souffre, mais je n'arrive pas à l'expliquer, à l'exprimer.

J'ai un manque vis-à-vis de moi et peu de respect de ma personne. Il faut bien l'avouer, je ne m'aime pas, et mon miroir me le prouve au fil du temps. Le manque d'estime m'a toujours conduit à dire et à me convaincre que je méritais d'être traitée avec mépris, brutalité, rejet. La culpabilité, la honte et une faible estime personnelle me donnent cette vision d'être une victime. Cela m'empêche de ne pas trouver de solution aux problèmes et de prendre les bonnes décisions. Prostrée, je continue de tomber.

En réitérant l'engrenage infernal, je perds le contrôle de ma vie et je suis dans l'incapacité de me défendre dans certains domaines qui me touchent de près. En conséquence, les autres me dominent et certains événements extérieurs détériorent le fil de mon existence.

Je dis souvent :

*"Pourquoi cela n'arrive qu'à moi... ?"*,

*"Pourquoi toujours ma faute... ?"*,

*"Oui, mais..."*.

La carence affective, les frustrations refoulées, la victime d'abus physiques, émotionnels, sexuels m'ont donné une image imparfaite de moi-même. La vie n'est pas toute rose. J'ai une vie de souffrance et de douleur, je ne vivrai jamais comme les autres. Depuis toujours, j'y crois fermement. Á chaque instant, je souffre et la vie n'a jamais été clémente avec moi.

Je vis dans la peur d'échouer, de perdre le contrôle, de déplaire, d'être rejetée ou abandonnée, de ne pas être aimée.

Impuissante, inférieure, honteuse et coupable, je cultive un grand sentiment d'injustice vis-à-vis des autres.

Ces aspects négatifs de mon caractère attirent des personnes qui m'abusent et me dominent. Souvent, je m'apitoie sur mon sort, perds le contrôle de mes sens, les autres m'influencent et m'anéantissent. De l'autre côté, je cherche sans cesse à être rassurée et approuvée sans jamais trouver la sortie du tunnel, ni même la porte qui ouvre vers la liberté d'exister et de ne plus se sentir une victime.

C'est une terrible expérience de se sentir une victime et je ne peux rien faire par moi-même pour changer cet état de fait.

Souffrant depuis trop longtemps, je ressens des sentiments d'impuissance et de désespoir.

Ma voix est triste, mes messages deviennent :

*"Après tout ce que j'ai fait... ",*

*"Je n'ai jamais voulu cette situation... ",*

*"Je suis seule au monde... ",*

*"Personne ne m'aime... ",*

*"Personne ne veut me voir... ".*

Faible et dévalorisée, j'ai un grand manque d'amour, j'ai peur ne plus être aimée, d'être abandonnée, de rester seule...

## « Je suis la mal comprise, la mal-aimée... »

Je suis la mal comprise, la mal-aimée,
Je me sens seule incomprise,
Personne ne me comprend.

J'ai l'impression de parler dans le vide,
Pour eux, les mots sont mal pris.
Tout ce que je dis est mal ressenti,
Je les ennuie au quotidien,
Je les dérange dans leur vie.

Je suis la mal comprise, la mal-aimée,
Je me sens seule incomprise,
Personne ne me comprend.

Mon cœur est plein de chagrin,
Ma vie est un enfer,
Seule, dans mon coin,
Je n'ose plus rien dire,
Sans avoir la peur au ventre.

Je suis la mal comprise, la mal-aimée,
Je me sens seule incomprise,
Personne ne me comprend.
Que vont-ils encore croire ?
Que vont-ils encore déformer ?
Que vont-ils encore imaginer ?
Que vont-ils encore interpréter ?

Je suis la mal comprise, la mal-aimée,
Je me sens seule incomprise,
Personne ne me comprend.

J'ai le sentiment d'être une menace,
J'éprouve un rejet de leur part.
J'ai peur d'être la mal comprise,
J'ai peur d'être la mal aimée.
Pour les uns, je suis le petit canard boiteux,
Pour les autres, une personne étouffante,
Pour certains, la méchante,
Pour tous, je détruis tout autour de moi,
Il semble que je parle trop,
Que je critique,
Que je déforme,
Que j'embête,
Que je dérange.
Je suis la mal comprise, la mal-aimée,
Je me sens seule incomprise,
Personne ne me comprend.

Mais où est ma place dans ce monde ?
Personne ne comprend,
Ou personne ne veut m'écouter,
Ou personne ne veut entendre,
Ou personne ne veut voir.

Je suis la mal comprise, la mal-aimée,
Je me sens seule incomprise,
Personne ne me comprend.

## « QUE DE QUESTIONS SANS RÉPONSE... »

Je suis là, au milieu de nulle part,
Seule, je regarde en haut, en bas,
Cherchant une réponse.
Le vide est là,
Où aller, où me tourner, que faire ?
Que de questions sans réponse.

J'erre dans ce monde que je ne connais plus.
Je me pose chaque jour des questions.
Mais aucune réponse ne vient.
Seule, les soucis apparaissent et n'en finissent pas.
Qu'ai-je fait pour n'être qu'une cible.
Un agneau au milieu de tous ces loups.
Que de questions sans réponse.

J'aimerai enfin vivre, être libre, aimer,
Être aimée, et surtout libérée des soucis.
Qui pèsent chaque jour sur ma tête.
J'essaye de faire face,
Mais j'ai beaucoup trop de mal au fond de moi,
De tout ce que l'on m'a fait et fait subir.

Je ne suis pas une sainte, mais une simple femme,
Qui a envie de vivre, pleinement sa vie, et heureuse de vivre.
Que de questions sans réponse.
Ce monde-là, mon monde actuel n'est qu'un poison
Qui m'envahit peu à peu,
Me détruit, me rabaisse, me ronge jusqu'à la moelle.
Puis-je rester indifférente.

Je frappe aux portes, la porte s'ouvre et se referme aussi vite,
Sans espoir, ni aide.
Que puis-je faire ? La rue, la mendicité, la mort ?
Je me le demande, ou être une certaine figure bien imaginée,
Et dont je ne ressemble nullement,
Et qu'on jette sans s'en soucier.
Le monde est pourri, il faut tout raser et recommencer.
Mais en suis-je capable ?
Que de questions sans réponse.
Ce monde-là, mon monde actuel n'est qu'un poison
Qui m'envahit peu à peu,
Me détruit, me rabaisse, me ronge jusqu'à la moelle.
Puis-je rester indifférente.

Je frappe aux portes, la porte s'ouvre et se referme aussi vite,
Sans espoir, ni aide.
Que puis-je faire ? La rue, la mendicité, la mort ?
Je me le demande, ou être une certaine figure bien imaginée,
Et dont je ne ressemble nullement,
Et qu'on jette sans s'en soucier.
Le monde est pourri, il faut tout raser et recommencer.
Mais en suis-je capable ?
Que de questions sans réponse.

« MA SOUFFRANCE »

Bien seule face à ma souffrance,
J'erre dans ce monde cruel,
Aveugle, les yeux pleins de larmes.
Dans un silence, condamnant ma vie,
Mon âme crie au désespoir.
Tous mes souvenirs en vrac me hantent,
Une bataille sans fin que je repousse,
Une souffrance de tous les jours,
Une pénitence qui me rattrape,
Me laissant dans le néant.
Je désespère à chaque instant,
De revivre, d'être vivante.
Les moments sombres remontent à la surface,
Mon cœur bat au désarroi,
De cette tristesse qui envahit ma vie,
Je grelotte, j'ai mal, au plus profond de mon être,
Je refuse la pitié, le regard des autres.
Mon histoire est l'âme de mon grand tourment.
J'aspire que le vent balaye, l'oubli.
Qui viendra me donner l'espoir,
Un espoir de liberté, d'amour, de renouveau,
Que ma souffrance sera bannie à jamais,
Que la joie de vivre sera plus forte que ma souffrance.

# Je me sens abandonnée, rejetée et seule

Ces sentiments d'abandon, de rejet, de solitude ont été mon quotidien et ils ont grandi au fur et à mesure du temps. Les événements de ma vie ont ancré mon passé en moi, je ne pouvais ni le rejeter, ni l'oublier, ni le disloquer de mon quotidien.

J'ai reproduit tout au long de mon existence le même état d'être.

Un mal me ronge : l'impression de ne pouvoir parler à personne et d'être la mal-aimée de mon entourage. J'aimerais être acceptée à ma juste valeur comme j'en ai besoin. La sensation de devoir m'investir beaucoup et chercher à être plus proche de mon entourage reste vaine. Personne ne me donne des marques d'affection en retour...

Je suis persuadée que l'on m'évite en trouvant des excuses pour se détourner de moi et ne pas me parler.

Mal dans ma peau et dans ma vie : je souffre.

Mon abandon, mon rejet, ma solitude convolent en un épouvantail monstrueux.

Cependant, elle m'offre un accès privilégié à ma richesse intérieure ignorée de tous et à l'opportunité de me découvrir.

Je me ressens comme vivant sur une autre planète sans la compréhension des autres. Mon monde ne ressemble en rien au leur. Je suis là, mais absente en même temps.

Nullissime et une sans-importance, ce ressentiment est le reflet du mal-être qui s'exprime sur mon visage.

Ma perception du monde mine ma confiance et je m'éternise dans l' incompréhension. Ma solitude est une spirale sans fin.

Entourée de ma famille, de l'être aimé, des ami(e)s ou au milieu de la foule, et bien que notre époque regorge de moyens de communication (téléphone, Internet, train, voiture...), ce sentiment de solitude reste incrusté dans mon âme.

Sur le long terme, cette solitude a engendré une grave dépression. Maladie très complexe, mal reconnue et ignorée de certains, elle affecte notre quotidien, notre santé mentale et émotionnelle. Cette maladie m'a épuisée et changée tous mes comportements.

Chaque jour est un défi, il m'est très difficile d'accepter le soutien des miens et des professionnels de la santé.

Impossible de me concentrer : tout devient difficile et m'écrase. Le stress, l'anxiété et la peur s'y rajoutent.

Je ressasse en permanence mes sentiments, mes ressentis, mon passé, mes rancœurs.

Pour retenir l'attention de mon entourage, je fais semblant de bien aller et d'avoir le moral, toutefois, je me surprends à reprocher à mon compagnon son indifférence et à ma famille de ne pas me comprendre et de me délaisser.

Quand je m'introspecte, je perçois parfaitement que mon attitude génère l'éloignement des autres et leur rejet. Pourtant, je sais pertinemment avoir besoin de leur amour et de leur attention. Trouver ma place auprès d'eux : voilà ce que je ne réussis pas à faire.

Cette pensée me hante : partir loin d'eux, disparaître de cette terre, ne plus les ennuyer, ne plus les emmerder. Sans doute, seraient-ils plus heureux sans moi ?

Des tentatives de suicide, des refus de sortir, de manger ou de me gaver comme une oie lorsque je suis seule sont des façons de me mutiler parce que j'ai mal "*aux autres*". Je préfère subir qu'eux subissent.

Pourtant, au plus profond de moi, je sais que je dois réagir, prendre ma vie en main, sentir que j'existe et ne plus être un zombie.

Je broie du noir, je deviens parano, je n'ai pas confiance en moi, je ne veux plus voir personne, plus d'amis, je suis désespérée.

Ma solitude s'est engrossée de la peur des autres, de l'angoisse d'être rejetée, de la crainte d'être agressée. Elle est devenue une armure protectrice contre les autres et le monde extérieur. En boucle et de plus en plus forte, elle s'incruste et laisse des traces sur mon visage, dans mon cœur et ruine ma santé.

Tous les matins, en me regardant dans le miroir, j'ai peur de voir mon "*moi*". Je me pose des questions :

*"que me manque-t-il pour affronter cette solitude qui m'englue ? "*

Différente des autres, je ne me reconnais nulle part ni dans mon travail ni avec les amis et encore moins avec ma famille. Déracinée de tout, seule et perdue au milieu des autres.

Plus d'identité, fragile et très sensible à l'agressivité et aux critiques de mon entourage, le vide s'est installé dans mes entrailles et ma haine grignote le peu qu'il me reste de personnalité.

Temps passant, je me réfugie dans ma bulle et la présence des autres est une gêne continuelle. Sortir me glace, tout mon corps grelotte de froid, des larmes envahissent mes nuits et mes journées inlassablement.

" À quoi sert mon ouïe si personne n'est là pour me parler ?"

" À quoi sert mon toucher si personne n'est là pour me donner la main ?"

"À quoi sert mon odorat, si personne n'est près de moi ?"

"À quoi sert mon goût, si manger ne sert qu'à me calmer ?"

"À quoi servent mes yeux si je n'ai plus ni visage ni sourire devant moi ?"

Comme morte depuis des années, je prends conscience que mon existence ne présente aucun intérêt. Ma solitude et sa compagne la souffrance m'ont ôté le goût de vivre.

"*Que faire ?*"

Je voudrais fuir la solitude qui me retient, qui m'attire, me tire vers le fond.

Jamais désirée, je la subis depuis toujours.

Je perds la tête et perds pied, elle me coupe du monde, de la réalité, je suis une morte-vivante.

Un beau jour, elle est arrivée sans crier gare et sans raison apparente, elle s'est invitée et insérée au jour le jour dans ma vie avec la ferme intention de me détruire totalement. Elle m'entraîne dans une très longue descente aux enfers :

" Personne pour m'attraper la main ni retenir ma chute,"

" Personne pour me comprendre,"

" Personne pour me donner de l'attention, un regard."

Dans ma sphère, sans âme et sans corps, je survis amèrement dans le noir qui m'entoure, m'étouffe, m'encercle. Pas de tunnel ni porte de sortie pour s'évader.

Quelque chose m'étonne : mes parents ont toujours été là depuis ma naissance et pourtant, je me suis sentie abandonnée et mal-aimée dès mon premier âge. J'ai eu une enfance solitaire, triste dont je n'ose pas parler. Tout le monde serait stupéfié de savoir les raisons qui ont rendu mes premières années douloureuses.

Je suis restée seule, renfermée sur moi-même avec mes angoisses, mes peurs, et mes questions sans réponse.

Toute ma vie, j'ai porté ce poids : le sentiment d'être exclue et incomprise. Il a laissé des traces, a renforcé mon extrême et profonde sensibilité, a exacerbé mon besoin d'exister, d'être aimée, d'être appréciée, d'être légère.

Ce syndrome m'a poursuivi avec un sentiment d'insécurité lié à une peur irrationnelle d'être abandonnée. J'ai un grand besoin que l'on me prouve que l'on m'aime, que j'existe.

Ces ressentis d'abandon, de rejet, de solitude ont conforté l'anxiété, la dépression, l'agressivité, un repli sur moi-même et ma propre mise à l'écart.

Quelles que soient les circonstances, je me sens coupable et dévalorisée.

Je me suis barricadée dans ma bulle - comme je la nomme - afin de me protéger des souffrances inhérentes à ma vie.

Vide, seule, sans amour avec une opinion sur moi-même désastreuse, je suis convaincue d'être une anonyme sans intérêt.

Regarder la réalité en face, acquérir de l'objectivité, faire face à mes problèmes, me lancer des défis, éviter de renouer inlassablement avec le passé : ces nouvelles perspectives germent dans mon esprit.

D'où me vient cette impression d'être rejetée des autres ?

La solitude prolongée, le stress, la vision négative de moi-même et des projections infructueuses sur les autres débouchaient sur mon comportement maladif et déprimé.

Je dormais peu et mal, la dépression était là, bien incrustée.

Ce long exil psychologique avait des effets sur mon sommeil et ma santé. Réel et visible depuis des années, j'appelais au secours et personne ne voyait mon désarroi, car j'étais sociale, souriante, aimante. Seulement, je ne laissais personne m'approcher.

L'abandon m'imposait le repli sur moi-même, la dépression, l'anxiété, l'agressivité, les ressentis d'injustice et d'insécurité, l'automutilation et une horreur insoutenable de mon image dans un miroir.

Je ne supportais pas de me sentir seule : une peur irrationnelle d'être délaissée. Un immense besoin d'affection lié à un manque durait depuis toujours.

En quête d'amour et de reconnaissance, je ne parvenais pas à m'aimer suffisamment. Mes difficultés me poussaient irrémédiablement à me jeter sur les autres pour les aider. Incapable de refuser ou de poser des limites, je m'engouffrais inlassablement dans un tourbillon qui m'emportait, m'emportait et qui n'en finissait jamais.

Mon besoin impérieux d'affection était lié étroitement avec le doute de recevoir de l'amour en retour. J'éprouvais frustration et souffrance. Un immense besoin d'être aimée, d'être reconnue en tant que mère, épouse, enfant me dévorait parce que j'ai toujours eu ce cauchemar d'être rejetée, abandonnée, mal-aimée. De plus, j'étais capable de me rattacher à n'importe quoi pourvu que cela puisse me servir de bouée de sauvetage.

## « OÙ EST MA PLACE ? ... »

Où est ma place ?
Je ne sais plus,
Plus de famille,
Plus de couple,
Plus d'amis.

Où est ma place ?
Je suis mise de côté,
Aucune vie de famille,
Aucune vie de couple.

Où est ma place ?
Personne ne me parle,
Personne ne pense à moi,
Personne ne se préoccupe de moi.

Où est ma place ?
Rejetée de tout le monde,
J'erre dans les ténèbres,
Seule, sans personne à mes côtés.

La vie n'a plus de sens,
Seule et toujours seule,
Abandonnée de tous,
Mon cœur est brisé,
Ma vie détruite.

Où est ma place ?
Plus rien ne me retient,
Plus rien pour apprécier la vie,
Plus rien pour aimer,
Plus rien !

Où est ma place ?
Je suis la mal-aimée,
Je suis l'incomprise,
Je suis la pestiférée,
Je suis le démon,
Je suis celle qu'il faut mettre de côté,
Alors, pourquoi continuer à vivre, sur cette terre ?
Où l'hypocrisie est au quotidien,
Où le mensonge sonne si fort,
Où la manipulation est journalière,
Où chaque jour, j'attends des reproches.

Où est ma place ?
Je donne tout sans compter,
Je donne ma vie, mon amour.
Le retour néant,
Le vide complet,
À quoi cela sert de continuer,
Je suis détruite au fond de moi.
Où est ma place ?

« Seule et encore seule »

Seule et encore seule au milieu de nulle part,
Entourée de mille facettes,
Face à mon destin,
Sans pouvoir comprendre,
Accompagnée de cet univers,
J'avance, le regard vers le futur.
Seule et encore seule, je me pose des milliers de mots,
Les uns derrière les autres,
J'essaye de les analyser,
Mais rien n'illumine mon destin
D'un regard, d'une pensée, d'un geste, d'une attention.
Seule et encore seule, es-tu là ?
Non, tu es loin, sur tes arrières,
Contre vents et marées, tu te caches,
Derrière un jeu,
Que je reste muette, m'enfonçant dans ma souffrance,
Ne pouvant m'exprimer, ni murmurer mes pensées,
Cherchant le moyen de te sortir de ta torpeur,
Par des mots doux, des attentions,
Mais rien n'y fait.
Tu ne vois rien, et moi,
Mes bras ne peuvent plus porter seuls ce fardeau,
Mes épaules s'affaissent petit à petit,
Personne pour m'écouter, comprendre mon besoin.
Ce besoin d'amour, ce besoin de présence,
Ce besoin d'être deux pour vivre et surmonter les épreuves.
Je suis seule, et encore seule,
Pourquoi j'apparais si transparente à tes yeux,
Sans aucune attention de ta part ?
Tu vas, tu viens,

Loin ou près, quelle différence,
J'ai l'impression de n'être qu'une ombre pour toi.
Seule et encore seule,
Je vais et viens, tournant en rond, ne sachant que faire,
Ma présence auprès de toi, paraît si minime à tes yeux.
Je reflète au-dessus de l'eau une image,
Une image que je souhaite anéantir,
Pour devenir réelle, espérer un dialogue,
Partager nos idées,
Pouvoir m'enlacer dans tes bras,
Parmi les verts pâturages,
Au milieu d'un océan de douceur,
Courir le long de ces sentiers de montagne,
Partir loin, très loin vers l'aventure,
Pouvoir te sortir de ce monde où tu t'es enfermé,
Ce dont tu ne veux pas admettre.
Seule et encore seule, je suis,
Je voudrais t'aider, mais comment ?
Rien ne t'ouvre les yeux,
Tu te voiles la face,
Et moi, je suis là, j'ai peur,
Je sais que tu m'aimes,
Mais l'amour ne peut exister,
Que lorsque nous nous battions ensemble,
Et moi, je me bats seule, face à tous les tracas,
Sans une aide, ni personne, ni pouvoir me réfugier,
Sauf, dans ma tête, où les questions fusent de toutes parts,
Et que mes nuits ressemblent à des interrogations :
Que faire, que dire, comment lui montrer.
Seule et encore seule, je voudrais être là,
Avec toi,
T'apporter le bonheur enfin mérité,

Te dire que je suis là, près de toi,
Que j'existe, que je suis réelle,
Et que je voudrais pouvoir te soutenir,
Que j'accepte beaucoup, mais je ne veux pas me sacrifier,
Car mon sacrifice de tous les jours,
Sera-t-il vaincre cet abîme au-dessous de toi,
Et nous réunir enfin l'un et l'autre ?
Et nous réunir enfin l'un et l'autre ?

## « Pourquoi, je n'existe pas… »

Depuis des années, je cherche ma voie.
Je n'arrive pas à comprendre ce que j'ai.
Des hauts, des bas…
Des sourires furtifs…
Des rires sans éclat…
Pourquoi, je n'existe pas…
Je plonge à chaque moment dans un océan de questions.
Je me demande ce que je fais sur cette terre.
Je me pose souvent, qu'ai-je fait de mal ?
Je m'interroge à quoi cela est dû ?
Pourquoi, je n'existe pas…
Je m'impose des punitions à moi-même.
J'ai l'impression de ne rien faire de bien.
Je ne suis pas la bonne personne qu'il faut côtoyer.
Je refuse de voir la réalité.
Je m'enferme dans mon univers, où rien ne peut m'atteindre.
Pourquoi, je n'existe pas…
Je crains les autres.
J'appréhende le regard de certains.
J'angoisse de sortir de chez-moi.
Je panique de me regarder dans un miroir.
Pourquoi, je n'existe pas…
Mes sentiments s'entremêlent.
Ils paraissent inévitables dans mon quotidien,
Ils arrivent sans crier gare,
Ils me freinent dans ma vie de tous les jours.
Pourquoi, je n'existe pas…
Je doute sans cesse de moi,
Je m'enferme dans mon cocon de morosité,
De solitude, de souffrance.

Je n'ai plus d'objectivité, de motivation, d'aisance,
C'est mon fardeau, mon quotidien.
Pourquoi, je n'existe pas…
J'ai l'impression de tourner en rond.
Je porte ce poids qui m'empêche de stimuler ma vie.
J'ai une attitude destructrice envers moi.
Je bascule à chaque moment, pour un rien.
Pourquoi, je n'existe pas…
Je n'ai aucune explication,
Ou bien, je ne veux pas voir la réalité.
Je me cache derrière mon passé.
Je me rejette tous les torts,
Mon existence n'est pas réelle.
Pourquoi, je n'existe pas…
Je n'arrive pas à m'épanouir.
Dans mes moments de solitude, les larmes,
Les vertiges me font perdre la tête.
Je pleure, je crie, j'appelle au secours.
Et lorsqu'une personne me tend la main,
Je me renferme sur moi-même.
J'ai des flots de pensées destructives, noires et mélancoliques.
Je mets des mots sur ma douleur endurée.
Pourquoi, je n'existe pas…
J'ai besoin de parler, de m'exprimer, de me faire comprendre…
J'ai besoin de dessiner les contours de ma vie
Pour m'affirmer, m'en sortir,
J'ai besoin de pouvoir, me confier, vivre, revivre,
Et ne plus être prisonnière entre quatre murs par mon état.
Pourquoi, je n'existe pas…
J'ai juste besoin d'un petit tremplin,
Juste pour faire un pas en avant,
Me retrouver avec moi-même et les autres,

Me développer et que cet ennemi visible ou invisible disparaisse à jamais.

## « Je me cherche… »

Assise sur cette plage de sable chaud,
Seule face à la mer,
Je me cherche…
Mes yeux se perdent au loin,
Je regarde l'horizon,
Cette ligne sans fin,
Un mystère de la vie,
Le bleu azur de cette eau limpide,
Ne fait qu'un avec le ciel céruléen.
Le soleil illumine ce vaste horizon,
Si loin, où mes yeux ne peuvent voir.
Je rêve à cet endroit imaginaire,
Une terre promise, scintillante,
Une terre toute neuve, pleine d'amour.
Une richesse de mon cœur enfoui,
Un ami de ma vision traîtresse,
Fuyant devant moi, à la vitesse de l'éclair,
Lorsque j'essaye d'avancer,
Ne pouvant donner un nom,
Devant ce vaste, mystérieux et beau reflet,
Que je ne veux pas,
Être mon bourreau,
Mais simplement mon amour, mon avenir,
Au plus lointain que mon regard fixe,
L'horizon si distant ne répond pas à mon appel,
Je me cherche…
Et me cherche toujours et encore…

## « Mon désespoir... »

Mon cœur saigne,
Mes larmes coulent,
Mon corps ne répond plus,
Mon cerveau se déconnecte.
Je tombe sans rien y comprendre.
Je crie à l'agonie,
Je sombre dans la folie,
J'explose de rage.
J'espère un miracle,
Un tout petit miracle suffirait.
Il fait froid autour de moi,
Sans leur amour,
Sans leur pardon,
Sans leur compréhension.
Je me meurs doucement.
Je voudrais qu'ils comprennent :
Que la douleur me ronge,
Que le pardon serait mon réconfort,
Que la compréhension est ma survie,
Que leur amour est toute ma vie.
Que le jugement de mes actes s'arrête.
Je demande juste de m'aimer,
De me pardonner.
J'ai tant à donner encore.
Mon cœur est plein d'amour.
Au fond de moi, la douleur est là.
J'ai tout perdu,
Mon rôle de femme,
Mon rôle de mère.
Maintenant, je perds foi en la vie.

J'ai pourtant encore une lueur d'espoir,
Mon cœur palpite et pleure,
Sans cesse, il est empli de tristesse.
Je ne veux plus souffrir.
J'aimerais tout recommencer,
Retrouver mon rôle de mère,
Assumer ma vie de femme,
Pouvoir arborer de nouveau, un large sourire,
Vous prendre dans mes bras,
Vous câliner,
Vous dire des mots d'amour.
Les mots me manquent…
Je me noie,
Je m'enfonce.
Je ne comprends plus rien.
Les mots ne veulent plus rien dire.
J'ai peur de mes pensées,
Les mots ne s'assemblent plus,
Je suis aveugle,
Je perds tout jugement,
Toute capacité à m'exprimer.
Aurai-je le droit à ce pardon ?
Je me perds dans mon chagrin.
Je me consume petit à petit.
J'attends un geste,
Un simple appel,
Un murmure à mon oreille,
Un mot d'amour tout éclairé.
Juste pour savoir que je suis pardonnée,
Que j'existe,
Que je ne partirai pas seule.

## « Qui suis-je ? Où suis-je ? »

Qui suis-je ?
Où suis-je ?
Je ne trouve plus ma place.
Je ne suis plus une femme,
Je ne suis plus une mère.

Mon chemin, où est-il ?
Je ne sais plus.
J'ai l'impression de ne plus exister,
J'ai l'impression de disparaître.

Je suis transparente,
Je suis rejetée.
Plus de vie normale,
La bonniche de chacun
L'indésirable de tous.

Tiraillée de toute part,
Plus un mot,
Plus un regard,
Plus un geste,
Que des mots fuyants,
Que des reproches,
Plus de caresses,
Plus d'affections.

Qui suis-je ?
Où suis-je ?
Je ne trouve plus ma place.

Seule, je me bats,
Seule, j'avance dans les ténèbres,
Seule, à tout moment.

Personne s'intéresse à moi,
Sauf pour les papiers,
Sauf pour le ménage,
Sauf pour les repas,
Sauf pour les démarches,
Tout repose sur ma tête.

Mais à leurs yeux,
Qui suis-je ?
Où suis-je ?
Je ne trouve plus ma place.

Eux vivent,
Rient,
S'amusent entre eux,
Plus de place pour moi.

Et moi, pourtant je suis là,
Dans mon coin, toute seule,
Sans un regard,
Ni un mot doux,
Ni une tendresse,
Ni un geste

Qui suis-je ?
Où suis-je ?
Je ne trouve plus ma place.

Si je parle, je parle trop,
Je dois me taire.
Si je suis silencieuse, je fais la tête.
Je n'ose plus ouvrir la bouche,
Dire mes ressentis,
De montrer mes désaccords,
Faire comprendre que j'existe aussi,
Et non pas là, transparente,
Pour tout faire aux autres.

J'ai envie de vivre,
D'aimer,
D'être aimée,
D'exister en tant que femme,
D'exister en tant qu'être humain,
D'exister en tant que mère.
Je n'ai plus aucun lien,
Rien ne me retient à ce jour,
Dans ce monde inhumain.

Qui suis-je ?
Où suis-je ?
Je ne trouve plus ma place.

« Qui suis-je ? »

Depuis longtemps, je me cherche,
Je n'arrive pas à connaître ma place.
Une place m'apportant joie et bonheur,
Mon passé est une douleur de tous les moments.
Mon avenir, je ne le vois pas.
J'ai l'impression de rester sur place,
De ne pas avancer.
J'essaye de vivre,
Mais personne n'est là,
Présent, près de moi.
Aucune main n'est tendue pour dépasser cette ligne.
J'ai l'impression d'avancer à reculons.
Je ne sers que pour les papiers, les conflits,
Le ménage, les colères des uns et des autres,
Reproches de toute part.
Et moi, au milieu de ces flots, je tourne et tourne en rond.
Suis-je une mère,
Suis-je une femme.
Je me le demande à tout instant.
Chacun vit, chacun pense à lui,
Moi, je règle les problèmes du quotidien.
J'ai l'impression d'être une chose parmi tant d'autres,
Un être sans miroir,
Une personne sans avenir,
Un humain sans amour,
Un individu sans lendemain.
Que me reste-t-il sur cette terre ?
Je me pose la question.
Qu'ai-je fait pour que personne ne me voit ?
Je m'occupe de tout,

Mais personne n'a l'air de le remarquer,
Ni apprécier mon travail au quotidien,
Ni mon mal d'être,
Ni ma fatigue, ma dépression, ma détresse, mes tourments.
Je voudrais être une femme à part entière,
Une mère qui existe, et non qu'on fuie,
Je n'attends pas grand chose,
Simplement d'être appréciée à ma juste valeur,
Que je devienne réelle aux yeux des êtres qui m'entourent,
Juste un petit geste d'amour, d'affection, de tendresse,
Juste me dire, tu existes, tu es là,
Tu n'es pas un objet, mais un être vivant,
Tu n'es pas transparente, mais une personne réelle,
Avec ta personnalité que nous acceptons,
Tu existes vraiment à part entière,
Nous sommes présents, près de toi,
Nous sommes là, avances vers un avenir meilleur.
Qui suis-je ?
J'attends la réponse,
Je ne vois rien à l'horizon,
Qu'un néant,
Qu'un mystère,
Qu'une chute vers le néant,
Qu'un avenir sans étoile, sans lumière,
Sans amour, sans joie, sans objectif.
Seule, je me bats,
Face à tout le monde,
Sans pouvoir exprimer mes désirs,
Mes besoins, mes peines, mes désaccords.
Je ne suis qu'un reflet pour eux,
Un reflet sans tain,
Une chose sans importance,

Que de faire ce dont ils ont besoin,
Chaque jour, pour leur tranquillité.
Mais moi aussi, j'ai besoin de vivre,
Vivre, au grand jour,
Exister,
Exprimer mes maux,
Parler du quotidien,
Apparaître à leurs yeux,
Comme une femme,
Comme une mère,
Et non pas une personne sans importance,
Une personne invisible,
Une personne sans besoin,
Une chose, un objet.
Qui suis-je ?
Que de questions, sans réponse ?
Qui peut répondre ?
Qui suis-je ?
J'attends et attends toujours,
Le chemin est long, très long,
Aurai-je enfin une réponse ?
Qui suis-je ?

Je parle avec la nature, le soleil, le ciel, les fleurs, les animaux, les nuages... Ce sont mes amis, mes confidents.

Je peux tout leur dire.

Mon refuge : un banc dans un jardin isolé, la forêt, une église, une plage...

Tous ces lieux sont mes témoins, je n'ai pas besoin de luxe pour me sentir heureuse, ni de gloire, ni de jalousie, tout est possible dans mon monde.

Aux frontières de ma solitude, mon cerveau déployait maints et maints rêves.

Je regardais le monde avec des yeux épouvantés, tout se mélangeait, me blessait et je me réfugiais dans ma solitude. J'errais parmi ce monde hostile et bien souvent, j'ai pleuré d'être seule, sans contact, ne comprenant pas.

Aucun confident avec qui je pouvais partager la violence de cette solitude, de cet abandon, de ce mal d'être aimée, de la peur de mon miroir. Aucune personne ne m'offrait son épaule pour pleurer ni me donner la force et le courage de surmonter cette solitude par la délicatesse, par des mots doux, par la générosité, par une écoute empathique.

Rester sur mes gardes, me taire, me contenir, me garder d'exploser. Tel était ma conduite.

Ma solitude assombrissait mon visage, desséchait ma bouche, étouffait ma vie.

Je restais dans ma solitude pour me protéger, c'était ma "bulle", mon abri.

Un besoin intense de parler ne trouvait pas d'écoute. Je les agaçais, les ennuyais avec mes problèmes : ils pensaient que je parlais trop et que j'attirais trop l'attention vers moi. Il était juste que je cherchais à attirer l'attention pour justifier mon existence et mon besoin d'amour.

Je m'habillais avec des vêtements que personne n'aurait osé porter pour me démarquer des autres. Ceci était une façon de dire :

*"Coucou, j'existe, je suis là".*

Mais rien n'y fait, que des critiques :

*"Ce n'est pas de ton âge... ",*

*"Tu t'habilles trop court...".*

Et j'en passe.

Difficile de sortir ainsi de sa "*bulle*" et de sa solitude sans le soutien des autres, sans leur humanité et leur cœur.

## Mon reflet dans le miroir

Il y a des milliers de façons de se regarder dans un miroir.

Pour moi, j'avais un besoin vital de voir mon reflet en permanence. Mes yeux désiraient capter mon image à tout moment de la journée, de la nuit, n'importe où et n'importe comment. J'aurais voulu qu'il me révèle ma vraie nature ainsi que les mystères que je m'efforçais de cacher au plus profond de mon être.

À chaque instant, mon apparence se métamorphosait. Le miroir reflétait mon état d'âme, ma personnalité entourée soit de lumière, soit d'ombre.

J'avais beau scruté mon visage, je ne me reconnaissais pas. Des yeux livides et un regard éteint, une bouche déformée par la peur, je m'interrogeais :

*"Ne suis-je pas une bête sortie de l'enfer ?"*

Mon miroir me fascinait et m'effrayait en même temps.

*"Pourquoi n'ai-je pas la réponse ?"*

Cette image renvoyée par mon miroir m'était à la fois familière et tellement étrangère. Elle me créait une peur et un profond malaise.

Depuis toujours, j'ai l'impression d'être en conflit avec moi, ma vie, les autres, mon passé, la réalité.

Absente, je me réfugiais dans un monde irréel. Lequel ?

*"Un monde d'amour, de joie, de sentiments, sans peur, sans cri, sans désarroi."*

Ma réalité était bien différente, je vivais isolée en portant ma souffrance, ma peur, ma croix sur mes épaules.

Je n'étais à ma place et je me sentais incomprise, rejetée, mal-aimée, mal à l'aise.

Les miroirs ne me renvoyaient pas mon visage, mais celui d'une inconnue déformée et laide à faire peur. Obsédée, j'étais attirée par les miroirs.

Malheureuse de ce que je voyais, je m'observais des heures entières sans vraiment me reconnaître :

*"Ce n'est pas moi, c'en est une autre."*

Impossible de me rassurer, de me trouver des attraits, rien. Pas d'existence, un fantôme.

M'épier dans mon miroir était devenue une activité à plein temps.

Dès que je pouvais, et n'importe où, je m'observais.

Par cet acte répétitif, je voulais m'assurer que j'existais. Seulement, le reflet n'était en aucun cas mon image, il restait incomplet : j'étais frustrée en permanence. Mes yeux ne mentaient pas, lorsqu'ils voyaient ce reflet.

*"Miroir. Ô mon miroir, qui suis-je aujourd'hui ?"* .

« Toi mon miroir... »

Toi, mon miroir…
Tu es le fruit de ma vie,
Tu es le portrait des traces de mon passé,
Tu es l'aboutissement de mon visage flétri
Par les années de souffrance.
Tu es la conséquence de mes cicatrices cachées,
Tu es la conclusion de tous les orages que j'ai éprouvée.

Toi, mon miroir…
Face à toi, je suis seule avec mes doutes, mes tourments,
Face à toi, je ne me reconnais pas,
Face à toi, je renvoie une mine à faire peur,
Des traits tirés, et des rides saillantes,
Face à toi, je vois le reflet de mon désespoir.

Toi, mon miroir…
Face à toi, mon visage est l'empreinte de mes ressentis modelés
Par mes émotions déformées par mes peurs,
Face à toi, je suis aveuglée parce que je me vois
Tantôt belle tantôt moche,
Face à toi, j'ai l'impression d'être une étrangère,
Face à toi, j'ai besoin de savoir qui je suis.

Toi, mon miroir…
Face à toi, je vois mon visage, le reflet de mes souvenirs,
Face à toi, je découvre mon masque, l'ombre de mon passé,
Face à toi, j'affiche une mine non satisfaite de ce que j'aperçois,
Face à toi, je renvoie mes rêves les plus intenses.

Toi, mon miroir…
Face à toi, je devine mes craintes, mes souffrances, mes joies,
Face à toi, je me sens sale, je me dégoûte, je me fais peur,
Face à toi, je ressens mon chagrin,
Face à toi, je perçois les cauchemars de mes nuits.

Toi, mon miroir…
Face à toi, je cherche au fond, ma jeunesse égarée,
Face à toi, je désire savoir les messages,
Les questions de ma vie que pose le reflet de mon visage,
Face à toi, je découvre les marques du passé
Qui se sont installées chaque jour doucement,
Face à toi, je décèle que tu es le souci de mon existence,
Le trouble de moi-même.

Toi, mon miroir…
Face à toi, je démasque que tu es le vertige de mon âme perdue,
Face à toi, je restitue l'apparence de mon empreinte,
Face à toi, j'ai peur de mes pensées, de mes illusions,
Face à toi, j'essaye de comprendre tout ce qui m'habite.

Toi, mon miroir…
Face à toi, je détecte que tu es ma source de réflexion,
Face à toi, j'entrevois que tu m'invites à méditer,
Face à toi, je suis affolée quand je contemple mon visage
Face à toi, j'ai peur de me regarder.

Toi, mon miroir…
Face à toi, je hais ces mille facettes où je me regarde,
En tête-à-tête avec moi-même,
Face à toi, je comprends que tu es la clé de mon être

Entre le monde extérieur et mon âme meurtrie,
Face à toi, je vois un portrait inconnu
Où ma conscience se heurte,
Face à toi, je reste là, bouche bée.

Toi, mon miroir…
Face à toi, je suis toi, un moment de mon passé
Face à toi, je suis toi-même, un moment du présent,
Face à toi, je suis attirée quand je passe devant toi,
Malgré cette peur au ventre,
Face à toi, je recule devant ce masque de moi-même.

Toi, mon miroir,
Face à toi, je te sens mystérieux, attirant, désœuvrant, profond,
Face à toi, je sais que tu es mon reflet de mon existence,
Face à toi, je recule devant ce profil de moi-même,
Je me fais peur, ou peur de savoir qui je suis ?
Face à toi, je me pose cette question,
Qu'est-ce que cela veut dire ?

Toi, mon miroir,
Face à toi, je voudrais une fois t'oublier,
Pour me glisser dans les yeux des autres,
Afin de savoir la réalité de ce que les gens pensent de moi,
Face à toi, je renonce à la réalité,
Face à toi, je vois l'horreur de mon existence ?
Quand j'ouvre mes yeux.
Face à toi, je crois que tu n'es que moi ou mon moi.

Toi, mon miroir.

Nul ne pouvait sentir à quel point je me détestais, j'étais et restais seule, personne pour me secourir.

Cette pratique inconditionnelle du miroir m'avait complètement déstabilisée et j'avais une peur blanche de sortir à l'extérieur, de voir du monde, d'aller faire des courses, de me rendre chez des amis ou dans la famille, de manger au restaurant...

Je me brimais par crainte du regard des autres.

Ma prison était ma solitude. Comme une cellule sans fenêtre, elle entendait mes pleurs, mes cris, mes lamentations. Avec le temps, je me sentais emmurée, le désespoir en plus. Je tombais dans un trou noir, j'avais peur des gens, de souffrir de leurs reproches et de leurs regards, des questions qu'ils se posaient certainement sur moi et sur ma façon d'agir, d'être le *"canard boiteux"*, le *"loup blanc"* qu'il faut laisser de côté pour éviter de se faire mordre.

Parfois, j'aurais aimé me glisser dans les yeux des autres pour savoir ce qu'ils pensaient de moi, comment ils me voyaient, comment ils me percevaient.

J'étais mon étrangère, modelée par mes émotions, mes peurs, mes douleurs, l'empreinte de mes ressentis.

Je fermais les yeux pour oublier mon visage, ce visage inexistant, fermé, criblé de douleur. Cette femme n'était pas moi.

Chaque matin, je fixais ce miroir sans reconnaître l'inconnue, la morte-vivante, le démon, l'affreuse femme qui devenait belle l'espace d'un éclair avant de redevenir vieille et laide.

Mon miroir s'était ancré à ma vie. Il me parlait :

*"Tu n'as pas de confiance en toi,"*

*"Tu crains de ne pas être belle,"*

*"Tu as l'angoisse d'être abandonnée."*

*"Arrête de te regarder,"*

*"Tu es belle, tu n'as pas changé depuis tout à l'heure."*

Mon miroir m'attirait et je n'y pouvais rien. Un besoin de tous les instants, un besoin de comprendre, de voir les transformations, de me retrouver, de ne plus avoir peur de la vérité et de la réalité.

# Conclusion

Je me suis toujours cachée derrière les murailles de mon passé qui m'envahissaient, qui me torturaient comme une lame qu'on enfonce dans la chair.

La dépression est une maladie qui, chaque jour, pèse de plus en plus au fond de nos entrailles.

J'ai avancé sur ce chemin de la vie avec mes tripes et mon cœur, et cela malgré la peur, l'angoisse, les injures, les calomnies, les coups.

Une colère impossible à apprivoiser m'enchaînait et m'empêchait de mettre les maux en mots.

Les mots qui sortent de la bouche ne veulent rien dire, ils s'envolent, ils s'oublient.

Les mots criés, dictés, jetés au visage, retournent toujours aux oubliettes, au néant.

Écrire. J'ai décidé d'écrire depuis ma plus tendre enfance car les mots écrits ne s'effacent jamais. Ils sont la trace de l' existence qu' elle soit blanche ou noire.

Les paroles fusent et ne se rencontrent jamais. Elles errent dans l'air, restent solitaires, agressives, douces, méchantes, hypocrites. Nous les cueillons par un moment d'inattention. Elles ne reflètent pas toujours notre pensée, elles mentent, crient, écorchent, apaisent, se mélangent les unes aux autres. Pour finir, nous ne recevons rien d'autre que le silence.

Les mots qui remplissent la page blanche détruisent, construisent, aiment, brûlent ou apaisent, et la mélodie des mots nous fait revivre, défier le temps, et reste graver après nous.

J'ai essayé d'être une autre personne, plus que d'être moi-même. Me satisfaire était secondaire, l'essentiel était de leur plaire.

Parfois, je tentais d'être plus proche et de penser à moi et même de m'imposer, juste un peu, pour trouver une petite place. Hélas, je ne rencontrais que désaccord et désamour. Au fil des années, je m'étais persuadée d'être rejetée et de déclencher un tourbillon d'orages, de pluies glaciales, de tempêtes de neige, d'éboulements...

J'essayais et je réessayais encore et encore d'être bien avec moi mais mon passé revenait sans cesse comme le galop d'un cheval.

Je donnais de ma personne, jamais rien en retour. Que je sois présente ou absente, une enfant ou une femme, cela semblait s'inscrire dans mes gènes.

J'étais enfouie dans un silence qui me rongeait, me torturait.

*"Appréhender cette souffrance sans l'avoir vécue est quasiment impossible."*

J'entendais conseil sur conseil, des injonctions irréalisables :

*"Avec le temps, tu oublieras,"*

*"N'y penses pas",*

*"Oublie."*

Les paroles étaient mensongères, transformées et colportées des uns aux autres pour finir dans ma famille.

Heureusement, le temps faisait son ouvrage : une question de patience, de lâcher-prise, de laisser dire. Oui, c'est une vérité incontournable que je n'étais pas prête à entendre et à mettre en œuvre à ce moment-là.

Le soleil brille toujours même si le temps est à l'orage, il en est ainsi de la vie.

Il y avait toujours pour les autres un empêchement pour m'apprécier et m'aimer comme je suis. Ils restent tous sur leurs préjugés sans me comprendre.

Je n'oublierais jamais cette période. Cependant, avec le temps, la patience et l'écriture, la paix s'installe autour de moi.

Je laisse les gens à leur ignorance : ils ne savent rien, ni des nuits tourmentées les yeux rougis par les larmes, ni des matins pétrifiée d'angoisse et paralysée de peur.

J'avais oublié ce qui fait avancer, exister, grandir, vibrer, aimer. Je n'existais plus et j'errais au milieu des méandres de la route. Je n'avais pas trouvé de lanterne pour m'éclairer ni le bon chemin ni le bel amour.

Je me suis perdue au fil du temps par peur des lendemains, des autres.

Je courrais après mon identité, l'amour, le bonheur...

De temps en temps, je parvenais à capturer un brin de lueur que je cachais au plus profond de mon être, le gardant bien au chaud, en réserve. J'ai admis la difficulté à être comprise et admise. Pas nécessaire de se justifier toujours aux yeux des autres, apprendre à se séparer des indifférents, savoir leur dire adieu et de les quitter sans aucun regret.

J'avais appris à sourire et à faire semblant de bien aller, je ne disais rien pour ne pas déranger, pour ne pas ennuyer.

Alors peu importe ma nouvelle vie, le passé m'a volé ma jeunesse, mes amours, mes rêves.

Les rides tourmentées de mon visage l'attestent : j'ai vieilli. Maintenant, je m'exerce à semer des graines d'espoir et récolter des jours meilleurs pour mordre la vie à pleines dents.

De mes propres mains, je construirai mon avenir en respectant mes désirs, mes volontés, mes rêves et en éloignant ceux qui critiquent, ceux qui détruisent, ceux qui rabaissent.

Pour ne pas les blesser, je choisis de m'éloigner de certaines personnes jusqu'à disparaître de leur existence. Je m'emploie à acquérir la lucidité indispensable pour m'entourer de gens bienveillants - famille et amis - et à rejeter les hypocrites, les menteurs et les lâches.

Une chose est certaine, un autre monde existe après la vie. Nous devons tous gravir un grand escalier pour rejoindre cette lueur d'espoir, de bonheur, de liberté, d'amour.

Pendant ce voyage, je n'accepterai auprès de moi que ceux qui ont partagé, accepté, compris ma personnalité et m'auront accompagnée jusqu'à la fin de ma vie. Et je refuserai la présence de ceux qui se sont détournée de moi, m'ont critiquée sans connaître les raisons de mes agissements, ont propagé des mensonges préjudiciables.

Que Dieu en soit témoin...

Mon jardin secret restera enfoui au fond de moi, mes écrits resteront et la vie continuera sans moi.

J'ai désiré être aimée, heureuse, comprise comme le sont beaucoup de personnes. À ce jour, je suis prête à oser le dire et l'écrire.

Les autres m'ont amené à douter de moi et de mes capacités. Le temps est venu de m'exprimer et d'être aimée pour moi-même. La meilleure façon d'assumer cette mutation est de dire adieu au passé, de glisser doucement vers la douceur et de m'envoler vers la paix intérieure.

J'ai été cassée, déchiquetée, broyée en mille éclats, peu de personnes le reconnaissent.

Je me montrais, je parlais trop, je jouais avec la vie pour cacher mes peurs, mes angoisses.

Je voulais simplement être aimée, acceptée.

J'accepte mon passé, mon présent et mon destin sans vraiment croire au lendemain des jours heureux.

L'expérience est un sac vide : les jours et les années ne se ressemblent pas. Chaque instant est un nouveau défi à soi-même.

Vieillir est un privilège, pas donner à tout le monde...

Et par ma plume, mes maux en mots, je remercie tous les malveillants : ils m'ont aidée à me découvrir et à féconder une nouvelle vitalité. Se plaindre est inutile, parler n'a plus d'importance.

Il m'aura fallu des années de souffrance pour admettre la douleur supportée, la méchanceté des autres, la violence des coups, les insultes, la déchéance. Oser regarder, lever les yeux et surtout ne plus se refermer sur son passé, ni s'oublier comme être humain m'a coûté aussi beaucoup de temps.

Mon destin fut ainsi : j'ai été tourmentée une grande partie de mon existence. Cependant, je préserve quelques images de bonheur, un brin de légèreté, une route vers une porte que j'aperçois à l'horizon et qui s'ouvrira un jour.

## « MA VIE... »

Moi, petite fille,
Dans l'inconscience de l'âge,
Qui souffre sans comprendre,
D'un bonheur qui ne saurait attendre,
Moi, femme enfant, découvrant la vie,
Qui ne peut s'empêcher de l'aimer,
Même si elle en est rejetée,
Moi, femme, tout simplement femme,
Qui croit être sauvée,
Par cette main qui l'a caressé,
Moi et cette vie,
Qui vient de prendre place,
Pourtant ne faisant qu'une,
Je la regarde, je me regarde,
Et je revois ce visage d'enfant d'autrefois,
Qui a pleuré bien des fois,
Ce visage ridé,
Abîmé par le martyr,
De la souffrance morale surtout,
Mais tout le monde s'en fout.
Voilà ce que c'est d'aimer,
Quand même la vie,
Même si elle ne vous rend rien.
Le seul bonheur que j'ai eu,
Que j'ai et sans doute,
Que j'aurais, c'est de posséder des amis,
Des gens sur qui on peut compter,
Avec qui on peut parler,
Avec qui on pleure et on rit ?
Qui vous écoutent,

Qui vous comprennent,
Qui ne vous jugent pas,
Mais qui vous aime
Tel que vous êtes.
Je sais que je suis très malheureuse,
Mais je n'en suis pourtant pas,
La plus malheureuse sur cette terre,
Et cela me fait pitié,
Qu'il y est des gens,
Plus malheureux que moi,
Et cela me fait,
Un peu, oublié mes malheurs,
Avec le temps, j'oublierai,
Où plutôt j'enfouirais,
Au fond de mon cœur, tous ces souvenirs.

« Mon espoir, mon avenir ! »

L'avenir est là, à porter de ma main,
Mon passé est présent, ancré en moi.
Je ne peux le rejeter ni l'oublier.
Partout où je vais, il est là,
Comme un cauchemar sans fin,
Qui embrase ma vie nuit et jour.
Pourtant, je dois tourner la page,
Avancez doucement vers de nouveaux horizons,
Laisser derrière cette vie de désarroi,
De peur, d'humiliation, de tristesse, de trahison.
Retrouver un équilibre, une raison de vivre.
À chaque instant, je me bats contre ce passé.
Ce passé, qui m'use de l'intérieur,
Qui me dévore à petit feu,
Qui m'interdit d'être une femme, une mère,
Qui au fil des années creuse mon visage.
Mes yeux sont hagards, où coulent des flots de larmes.
Mes lèvres tremblent,
Et n'osent prononcer les mots pour faire comprendre mes ressentis.
Seule, je me bats dans ce monde cruel.
J'aimerais crier au monde entier,
Que je veux vivre,
Vivre une nouvelle vie,
Sans peur, sans cauchemar, sans coups,
Vivre une vie d'amour, de joie, d'espoir,
Retrouver des forces pour tout surmonter,
Prendre la route de la guérison,
Récupérer des repères,
M'épanouir auprès des autres,

Sans arrière-pensée, ni haine, ni tourment.
Respirer l'air qui m'entoure,
Ouvrir mon cœur, mon âme,
M'enfouir dans la douceur des jours heureux,
Redonner un sens à ma vie,
L'espoir du renouveau,
L'espoir de vivre mon avenir serein.

## « Mon jardin secret... »

Mon jardin secret...
Qui peut dire à quoi il ressemble ?
Une pensée derrière moi-même,
Un regard sans teint,
Une âme toute seule,
Une personne meurtrie.

Mon jardin secret...
Qui peut dire à quoi il ressemble ?
Une souffrance de tous les jours,
Une image de mes regrets,
Un reflet de mon existence.
Une douleur sans fin.

Mon jardin secret...
Qui peut dire à quoi il ressemble ?
Des amours sans amour,
Des déceptions à l'infini,
Une douleur sans fin.

Mon jardin secret...
Qui peut dire à quoi il ressemble ?
Des coups physiques et moraux,
Des cris de douleur toute une vie,
Une déchéance de ma personne.

Mon jardin secret...
Qui peut dire à quoi il ressemble ?
La destruction de moi-même,

La liberté perdue,
Le remords de mes actes.

Mon jardin secret...
Qui peut dire à quoi il ressemble ?
Une poursuite toute une vie de l'amour
Une recherche du bonheur
Une course vers une vie meilleure.

Mon jardin secret...
Qui peut dire à quoi il ressemble ?
Un voyage vers le passé,
Un retour aux sources,
Une renaissance de moi.

Mon jardin secret...
Qui peut dire à quoi il ressemble ?
Un regard vers le futur,
Une vision de mes rêves,
Une illusion vers le bonheur.

Mon jardin secret...
Qui peut dire à quoi il ressemble ?
Personne ne peut le dire,
Moi seule en connais les contours,
Moi seule en supporte les méandres,
Moi seule en découle ma vie,
Moi seule en éprouve les douleurs,
Moi seule en ressens les maux,
Moi seule peux résoudre mon passé,
Moi seule peux contrôler mon avenir,

Moi seule, et moi seule
Connais Mon jardin secret...

# Table des matières

Biographie : Florent Lucéa..................................................................3
    Florent Lucéa....................................................................................5
Remerciements..................................................................................7
Préface...............................................................................................9
    « Entends-tu… »............................................................................13
    « Le temps est loin, très loin... ».................................................17
    « Où es-tu le temps ? ... »............................................................21
Introduction....................................................................................23
    « Passé - Avenir »........................................................................27
    « Toi ma vie... »............................................................................31
Je me sens une victime...................................................................35
    « Je suis la mal comprise, la mal-aimée… »..............................41
    « Que de questions sans réponse… »..........................................45
    « Ma souffrance »..........................................................................49
Je me sens abandonnée, rejetée et seule........................................51
    « Où est ma place ? ... »................................................................59
    « Seule et encore seule »..............................................................63
    « Pourquoi, je n'existe pas… »....................................................67
    « Je me cherche… »......................................................................71
    « Mon désespoir… »......................................................................73
    « Qui suis-je ? Où suis-je ? »........................................................77
    « Qui suis-je ? »............................................................................81

Mon reflet dans le miroir..................................................87
   « Toi mon miroir... »....................................................91
Conclusion........................................................................97
   « Ma vie... »................................................................103
   « Mon espoir, mon avenir ! »...................................107
   « Mon jardin secret... »...............................................111

© 2017, Modvareil
Éditeur : Bod -Books on DEMAND,
12/14 rond-point des champs Élysées, 75008 Paris
Impression : Bod – Books on Demand, Allemagne

ISBN : 978-2-322-08517-0

Dépot légal : Octobre 2017